JN411060

자연학습 自然學習

문학의전당 시인선 45
자연학습自然學習

초판인쇄 2008년 3월 3일
초판발행 2008년 3월 8일

지 은 이 박이도
펴 낸 이 김충규
펴 낸 곳 문학의전당
출판등록 제387-2003-00048호(2003년 9월 8일)

주 소 152-841 서울특별시 구로구 구로 6동 97-1 로얄프라자 206호
전화번호 02-852-1977
팩시밀리 02-852-1978
블 로 그 http://blog.naver.com/mhjd2003
전자우편 mhjd2003@naver.com

ISBN 978-89-91006-83-6 03810

자연학습
自然學習

박이도 시집

문학의전당

序詩

언어로써 置換된 내 사상
그 낱낱의 담화의 형식들
시로 깃들었던 내 이상
이제 때가 되었네, 때가 되었네
육신의 허물을 벗고
한 마리 잠자리로 날자
자유의 時空으로 날자

내 허물 벗는 소리를 엿들어 보라
내 시에 깃든 영혼의 가벼움을,
아무에도 들리지 않을 그 음성을,
끝내 볼 수도 없는 밝은 햇살 속으로
사라지는 것, 밤하늘에 별똥처럼 날아가는
인생의 아름다운 풍경을…

戊子年, 설날 아침

차례

1부

2부

3부

4부

1부

版畵 속의 기러기 1

나그네 길에 오른
기러기 뗀
산맥을 타는 바람에 실려
강물처럼 쉬임없이 날아간다

별밭을 지날 땐
은하수를 타고
무지개 서는 들판에선
모여 사는 사람의 마을에
찔끔 여우비를 뿌려 평화를 기원한다

노을이 지는 서산西山에선
더 넘지 못하고
내 판화 속에 박히고 마는
기러기
그때부터 너의 울음소리가
내 심장에 흐른다

版畫 속의 기러기 2

한 줄로 선 기러기 떤
서북쪽 하늘 노을을 등에 업고
빗겨간다
만주로 올라가는 나래 짓이
무겁게 너울대며
기우뚱 흔들릴 땐
지르는 소리가
눈물로 떨어진다

내 마음속의 판화 한 장,
우수憂愁의 기러기 떼
마음을 적신다

물의 여행

물 떨어지는 소리에
가끔 새소리가 죽는다
쏜살같이 흐른다
바위에 부닥쳐 물보라를 띄울 땐
오색 무지개가 뜬다
절벽에선 미처 멈칫거릴 여유도 없이
벼락소리를 지르며 흰 떡을 친다

어디서부터 치솟는지
열목어가 쑥쑥 윗물에 떨어져
어디론가 숨어 버리니
나도 따라 들어갈 수밖에
속세는 두고
어디론가 떠날 수밖에

자연학습

눈으로는 볼 수 없는 것
몸으로도 느낄 수 없으나
시간은 나를 이 땅에 싣고
어디론가 움직여 나아가고 있다

지구는 공전의 힘으로
사계四季의 세월 속에 우주를 항해하고 있다

자연인과성自然人果性*을 따라
자연으로 돌아가자**

살아 숨쉬는 원시림
생명의 비밀을
우주의 섭리를
깨달아 아는 세월
사유思惟의 숲으로 가자

그의 하얀 신전에 기대어
맑은 피를 받고 싶다

*아리스토텔레스가 〈자연학〉에서 자연을 정적인 존재가 아닌 스스로 생성 발전하는 원리를 내포한 생동적인 것으로 규정했다.

**루소가 부르짖은 '자연으로 돌아가라' 라는 표어는 인간이 불평등 사회의 문화를 버리고 자연으로 돌아가서 자연 질서에 따른 평등사회를 새로이 건설하자는 사상이 들어 있다.

휴양림休養林에서

내가 숨을 쉰다
깊이 들이 마시는 산소로
나는 팽팽한 풍선이 된다
속에서 내어 뿜는 탄소로
나는 맹꽁이 소리를 낸다

숲 속의 모든 정령들과 함께
하늘을 우러러 눈을 감는다
가만히 가부좌를 틀고
먼 太古의 비밀
생명의 활력이 넘쳐나는
날 것들의 소리에 귀를 세운다
어디에서 막 뛰어 나올 듯
짐승들의 부스럭대는 소리가 난다

나무가 숨을 쉰다
나무가 뿜어 낸 산소를
나는 깊이 삼키며 눈을 감는다
나무와 내가 마주 앉아
호흡을 주고 받는다

명상瞑想의 희열喜悅 속에
이대로 백 년, 백 년 이어질
생명의 오아시스를 그려 보며

이 自然의 관계
이 自然의 질서

河回탈

저들이 어째서 웃고 있나
우리를 웃기고 있나
나무 탈들이
하나씩 生命을 얻어
들놀이를 한다
山主도 되고
양반도 되고
못난이도 되고
총각 귀신도 되어
온 마을을 웃기고 있다

아, 그 웃음 뒤에
어느새 흘러내린 눈물이
햇살에 반짝이고 있다
나는 웃어도, 나는 웃어도
결코 나는 우스운 *存在*가 아니라고
河回탈은 노래한다

죽은 이웃들의 모습이
하나하나

얼굴에 하얀 분 바르고
눈물을 가리고 나온다
덩실덩실
강물에 박을 띄우고
모든 슬픔을 잊어버린다

아이들

아카시아 잎을 훑으며
아카시아 꽃을 따 먹으며
초록빛 숲 속으로 사라지는 아이들

늦잠에서 깬 아이들은
언제 떠 오른 햇님인지
눈부시게 환한 한낮을
술래잡기하듯 뛰어 넘는다

먼 숲 속을 헤매이며
호기심과 두려움의 긴장으로
등걸에 엎어지고
눈물도 훔쳐보는 처음 보는 나라

푸드득 나는 새소리에
잠시 걸음을 멈추고,
새를 바라본다
여러 가지 모양을 한
나뭇가지와 풀 덩굴 속에 누워
더 밝게 다가오는 내일

환상을 꿈꾼다

아이들은 오늘도
무럭무럭 자란다
무성한 여름, 징검다리를 건너듯
그렇게 숲을 뛰어 넘는다

봄이 온다고

먼 江界 땅
그 너머에서
春風이 불어 온다지
봄이 온다고

개울마다 살얼음
사뿐 딛고 뛰어넘는
새색시의 나들이 길
흰 버선코에
春色이 완연쿠나

풀씨 하나 黃土 속에
방긋 솟아날 때
고을마다 우리 머슴네
배고픈 춘곤春困이야 어쩌랴

성화야 나면 말면
에헤야 절시고
금년에도 풍년豊年이야
맡아놓은 기약期約인 걸

저 들 밖에
아리아리한 봄의 속삭임이
아 농무農夫여
선잠에서 깨어라

물

유려한 흐름
막히면 넘치고
새어 나가는
내 손에는 잡히지 않는 것

여리고 투명한 물빛
그대 선한 눈동자

마음으로는 규정할 수 없는
그 실체

사람의 마음 같아야

거울

거울은 요지경
내가 들여다보는 거울 속엔
얼룩진 눈물자국뿐이다
아니 온통 개나리꽃이,
진달래꽃이 피어난다
아니 파도같이 함성으로
군상群像의 떼가 밀려온다
아-퍼덕이는 내 맥박을
지레 밟고 지나간다
한 송이 꽃송이가
나동그라져, 무참히
짓밟히고 있다
내가 흐느끼고 있다
내가 목 메이고 있다

마음이 비어있을 때

모든 것 다 퍼낸다
마음이 비어있음을 알았을 때
진공眞空의 순수純粹
모든 의미가 사라진
그때
찌르릉 전화벨이 울렸다
아주 먼 곳에서
무섭게 번져오는 불줄기
붉고 푸른 힘의 역사役事
한 방울 이슬과
한 줄기 빛이 섞이는
침묵—너는 나의 순수

나그네

나는 항상 떠나가는 사람,
내일을 기약할 수 없어요
떠나는 목적지가 없어요
그냥 떠나고 있을 뿐
항상 이른 아침의
채소밭을 지나
이름 없는 마을의 장승에게
작별의 인사를 드리지요

멀어져 가는 상여꾼의
여운餘韻 속에
붉게 노을이 지면
내 안의 깊은 곳, 외로운 늪 속에
五色의 환상이 닻돌을 내려요

이웃을 떠나고
山川을 건너간
문둥이의 설움처럼
나는 말에 굶주리고
人情에 메마른 짐승이어요

시간의 깊이에 잠겨

내가 사람일 수 있는 것은
생각할 수 있음 때문이요
생각할 수 있음은
생각할 수 있는 能力 때문이니

나에게 주어진 시간
나에게 주어진 환경
그 세계에서 나를 지각하는 지혜를
주신 분, 神을 생각함이니
진실로 사람됨을 엄숙히 각성하자고
시간의 깊이에 잠기리라

정치와 경제의 사슬에서 벗어나
무지와 편견의 사슬에서 벗어나
영원한 세계를 묵상할 수 있음은
내가, 생각할 수 있는 사람임을
나는 감사한다

2부

활

활을 퉁겨라
힘있게 힘있게
未來의 표적標的을 향해
활을 퉁겨라

당신은 재산財産을
당신은 사랑을
당신은 명예名譽를

영원히 흔들리지 않을
우리의 標的을 향해
천 리 밖
운명의 神이 잠든
연못을 향해
활을 퉁겨라

애드벌룬

끈이 풀린 애드벌룬
높이 날수록 색깔이 선명하다
가슴 깊이 적셔 주는 이슬처럼

울고 싶을 때
너를 생각한다
혼자 있고 싶을 때
더욱 너를 그리워한다

비틀거리는
갈피를 잡을 수 없는 마음일 때,
가슴속 깊은 곳에서
나는 너를 불러 본다

눈물로 적시며
소리 없이 소리 없이 잦아들어
나를 잊어 버린다
음악이여
술에 취한 듯, 그냥 날고 싶다

정처 없이 먼 나라로
내 반쪽의 인생
기쁨이건 슬픔이건
내 사랑을 찾아 떠나고 싶다

풀밭, 오월의 언덕에서
새들이 날고 우짖는다
민들레 씨앗처럼
마음의 애드벌룬을 띄우자

눈사람

하늘에서 온 사나이
白色의 雪山을 넘어
마른 풀밭으로 걸어온다
하얀 가면을 쓰고
농악農樂을 따라 풍년을 점치던
우리 마을의 입구에 들어선다
온 마을 사람이
즐거이 맞아주는 눈사람이
立春을 따라 찾아왔다
밤에는 먼 이웃에서까지
개 짖는 소리가 울려왔다
어디서 온 손님일까?
앞마당에 쭈그리고 앉은
이 사나이는
편히 잠든 우리 마을의
수호신守護神
풍년을 점쳐주는
하늘에서 온 사나이

육신의 눈으로는

희미해진 육신의 눈으로는
따라 갈 수 없네
눈보라치는 언덕으로
치달리는 토끼 한 마리

안경을 끼고 세상을 보지만
하나씩 사라지는 그리움은
더 찾아 볼 수 없네
우정은 가고,
진실이 사라진 세상
사랑이 느껴지지 않는
이 삭막함

신의 은총마저 싸늘한
눈보라치는 언덕
이제는
차라리 안경을 벗어 버리자
내 안에서 트이는 세계
눈 감으면 열리는
성령의 나라에 눈을 뜨자

육신의 그림자

그림자 중엔 사람의 그림자가 제일 초라하다. 사람의 그림자 중엔 내 모습, 육신의 그림자가 초라하다. 사막의 선인장처럼 엉성한 가시와 밑둥이 잘려나간 무시래기처럼. 거추장스럽다 正午를 맞아 그림자 없음의 가벼움, 내 존재를 드디어 확인한다. 〈없음〉의 의미, 내가 없음으로 육신의 그림자도 없다고. 오늘은 비오는 날이 그립다. 육신의 허물을 잊어버리고 싶다. 그립다. 잊어버리고 싶다.

그림자

험난한 山勢일수록
산 그림자는 깡마르고 길게 누워 있다

초가 한 채
겨울눈에 묻혀
아침저녁으로
굴뚝 연기만 피어오르고

앞강물 급히 휘도는 곳에
애절한 노래가 흐른다

허깨비로 살아있는
한낮을 기우뚱대는 산 그림자

그 그늘에서 손을 씻는다
손이 사라진다
겨울 하늘로 사라진
기러기 한 마리 되어 사라진다
산이 사라지고
그림자가 사라진다

少年과 千字文

겨우내 千字文을 뗀 소년이
잠자리에 누우니 형형색색의 세계가 떠오른다

창밖의 새소리를 들으며
아침식사를 나누고
농부는 한낮의 들에서 산소를 마시며
논빼미의 물을 대고 모를 심으니
이마에 땀이 흐른다
미류나무 그늘에 앉아
샘물을 퍼마시니
하루의 수고를 다하더라

해는 이제 꼬리를 늘이고
농부는 저녁 식탁을 기대한다

밤 훈풍에 진한 아카시아 꿀향기가
벌 떼처럼 가슴에 파고든다

소년은 심장의 고동을 들으며
밤새 미래를 꿈꾸나

문간의 멍멍이가
긴장하여 경계의 기침을 한다

제비 나는 언덕

제비가 나는 언덕에 누우면
하늘을 날아 먼 나라로 가는
꿈을 꾼다
눈을 뜬 채로 나도 날아 간다

내 꿈은 무엇일까
눈을 감으면
한 얼굴이 보인다
한 세월이 스친다

볕기

잠자리 떼가 뜨는 날엔
공기도 날아간다
바람은 잠자고 마을엔
적막이 쌓인다

고추잠자리가 날고
앉은 마을에선
흙담집 뒤울안에서
목물하는 여인의 모습까지
투명하게 비친다

신통해라 잠자리 날개에
볕기가 통하면
온 세상이 손금처럼 보이네

더러는
산 너머에서 치는
마른벼락 소리에 귀가 뚫리고

황소가 하는 말

여기는 휴전선
황량한 철원 벌에
초록의 새순이 돋는다

겨우내 눈과 바람 속에 묻혀있던
사람이 사는 마을
새벽 불빛 먼저 새어 나오고
굴뚝엔 평화의 깃발이 솟아 오른다

헛간의 황소가 하는 말
"올해엔 철조망을 걷어내고
남에서, 북에서
이 들녘으로 나아와
농사를 짓자"

올해엔 소가 나서는 해
어찌 너는 조선의 농부를 그리 닮었는가

"이랴– 이랴– 워– 워–"

묵혀 두었던 이 땅을 뒤집어 나아가는
황소와 농부의 우렁찬 목청

눈이 많았으니 풍년이 아닌가
늘이 크니 아-
농사 일이 쌓였구나
평생의 우리 소망
풍년이여 오라
민족의 한 목소리
통일이여 오라
올해엔 황소가 나간다

희미한 그림자

언제부터인가, 돌아와
고향집에 머문 것이

계절이 바뀌는 대지에 파묻혀
조용하고 편안한 하루

쑥 뜯어 쑥떡 만들고
병아리 모이 주니
오늘은 춘곤春困도 잊었네

병풍처럼 둘러선 아카시아
그 동산에 오르면
황토 빛 대지

아카시아 향기에 취해
그리움으로 북받치는
사랑의 향기
한 숨씩 쌓이는 세월의 앙금

아, 희미한 그림자

나도 누구에겐가
희미한 그림자로 남고 싶다

여름 바다

달려드는 파도
하얀 공포의 웃음 머금고
상어 이빨을 내어미는
크낙한 아우성

식인 상어가 출몰하는
서해 앞바다를 향해 천막을 친다
나를 삼키려는 듯 달려드는
날이 선 파도
핏빛 노을이 묻어 철썩이는
어둠의 바다는 살아있다

力動의 파도여
바위벽에 부딪쳐 부서지며
이빨을 가는 여름 바다
그곳 고군산도古群山島의 여름
솔가지를 태우며
잠드는 바다를 지켜 본다

3부

나 홀로 달빛에 젖어

달빛에 온몸을 적시며
달빛에 이끌려 나선 뜨락
무엇인가 그리운 마음, 눈물로 적시며
산울림처럼 울고 싶은, 달빛아

세월은 흐르고
이제 허약한 몸, 병상에 누웠으니
오직 너와 함께
간절한 시간 나누자꾸나

이 허약한 마음
쓰러질 것 같은 몸을
달빛에 적시며
홀로이 뜨락에 서다

아, 내가 그리운 것은
달빛인가, 人情인가

비누향기와 나팔꽃

말로는 안 되네
오늘, 당신의 탄생은
신의 축복
영롱히 벙그는 세계
한 순간의 축복

이른 아침 힘 있게 박동치는 가슴에
귀 기울여 보셔요
비누향기 미끄러지듯
안개길 따라
인생의 오솔길 돌아 보셔요
거기 살아 있는 자연이
그대의 새 아침을 축복해 주고 있음을
정중한 인사를 받으셔요

지금 당신의 생명현상 앞에
쌓이는 소중한 것
또 하나의 연륜을 헤아려 보셔요
무릇 세월은 가고 계절만은 돌아오듯
당신의 이 아침은

새로 피어나는 나팔꽃인 양
환희의 햇실이
희망처럼 비쳐 옵니다

바다는 한 마리 짐승

바다는 한 마리 짐승

무섭고 떨리는 마음으로
나는 바다로 나아간다

많은 뱃사공을 삼키고
아직도 아우성이다

그물을 던지면 찢어질듯
팽팽히 맞서는 두려움

바다는 빠져 나가고
몇 마리 작은 고기 떼가 뛴다

바다는 끝내 내 그물에는 잡히지 않고
나는 풍덩, 그 안에 빠져 든다

바다에 만월滿月이 뜬다
풍선처럼 흰 이빨을 드러내며
우람한 짐승의 웃음 짓는다

바다

바닷가에 서면
와락, 설움이 밀어닥친다
숨이 막힐 듯 겁에 질리고,
눈에 가득 차오르는
출렁거림 흔들거림
바다 저쪽 빛이 떠오름을
나만 몰랐었는가

한 목소리로 밀려드는 쏴아— 쏴아—
한 마음속에 부러지는 처얼썩, 처얼썩
일어서고 쓰러지는
이 원시原始의 음악,
내 귀는 바다의 설음을 알아 듣는가

지금까지
나는 어디에 가 있었는지,
바닷가에 오면
비로소 나의 실체를 발견한다

넝쿨 아래서

무성한 넝쿨이다
넝쿨 아래 쉬어가자
꼬인 마음 풀어놓고
여기서는 편히 누워
하늘 속을 헤아려 보라
푸른 미래를 설계하라

포도알 알알이 영글 때면
우리 다시 모여
미래를 이야기하자

강물이 흐르듯
세월이 흐르면
우리 사랑인들
영글지 않으랴

어디선가 귀를 찌르는
제트기의 유선음流線音

쇠물닭

봄 · 가을
어디서 와서 노닐다가 가는가
봄이 왔는가 싶더니
아카시아 향기에 취해
잠간 꿈꾸는 나의 샛 밤 시간

첨벙첨벙
물 위를 뛰는구나
날기 위해 이 봄을 스쳐
또 한 번 나래를 힘차게 퍼덕이누나

검정새 쇠물닭, 집닭의 흉내를 내듯,
천생 우리 집닭처럼
다시 돌아 오렴
와서 꼬꼬댁, 꼭– 흉내를 내렴

아지랑이

아득하구나
아지랑이가 아니더라도
저 들에는 이미 노곤한 들바람이 불고
솟아나는 새싹, 초록의 파도가
백만대군의 함성처럼
사랑의 씨앗으로 넘쳐 나누나

새벽 꿩 울음소리 퍼지는
봄밤을 헤쳐 나와
여기는 농경시대
진달래꽃 질펀한 산자락에 앉아
태평의 세월, 그 영원한 희망
아지랑이가 아니더라도
이 봄은 아득하구나

그리움에 눈 먼 여인이여
봄밤엔 우리 만날 수 있으리
사랑하고 씨앗 뿌려
아지랑이처럼
신神의 나라 이루리라

여행

떠날 때의 기대와
돌아갈 때의 감동
그 사이를 뚜벅뚜벅 걸어간다

끝없는 자연학습과
많은 인종탐구가
方言을 낳고
둥근 지구를 새로이 탄생시킨다

가도 가도 끝이 없는 곳
지구를 돌면 나는 늙지 않는다

허무의 속성

종일, 말 한마디 없이 지낸다는 것은
허무의 속성

하루 종일, 말 한마디 할 수 없다는 것은
인종忍從에 속한다, 확실한 침묵

어둠에 싸일 때까지 기다려
드디어 무엇인가를 생각할 수 있다는 것은

아득한 희망, 침묵의 계시啓示
관념의 허무를 지각하는
나의 헛기침

고요를 깨고

새벽에 나 잠깨어 보니
닭 홰치는 소리던가
미명에 놀란
멍멍이 짖어댐인가
꿈길에서 돌아온
이 새벽에
멀리에서 울부짖는 파도 소리여
내가 너에게 귀 기울이면
이것은 커다란 개벽이로다

고요를 깨고 내 고독을 깨고
새벽이 오는 소리
내가 깨어나는 소리가 아니던가

지구는 물속으로 빠져들고 있다

가늠할 수 없는 세월, 빙하기의 역사는 강고한 결빙의 침묵으로 그 시원始原을 끝내 밝혀주지 않는 벽이었다. 영성에 가리운 신의 침묵처럼.

내 생의 어느 순간, 나는 북극 빙하와 마주섰다.

빙하는 침묵을 깨고 쿵- 쿵- 간단없이 비명을 지르며 무너져 내린다.

나는 무너지는 빙벽 앞에서, 침묵할 수밖에 없는 한 마리 갈매기

나는 빙하기의 역사 앞에서, 지구의 온난화로 치닫는

인류 문명의 역사, 인류 탐욕의 역사가 배설하는 열기가 초래한 이 지구 최후의 날을 암시하는 빙벽 앞에서 왜 나는 침묵할 수밖에 없는가.

이미 지구는 물속으로 빠져들고 있다.

유대민족의 통곡의 벽을 넘어 여기 북극 빙벽은 인류의 통곡의 벽이 되어야만 하겠는가.

가늠할 수 없었던 빙하기의 신화가 무너지고 있다.

이 거역의 세월 앞에서, 쇄빙선碎氷船 대신 노아의 방주를 다시 띄워야 할 때가 오는가.

빙하氷河시대로의 항해일지日誌

지구와의 평생해로

이제 우리는 쇄빙선碎氷船도 없이 빙하시대로 항해한다
평생해로偕老의 삶을 빙산에 묻어두고,
평생의 회한을 덜어 내리고
우리 부부는 유람선을 타고 알라스카로 간다
신비의 성채城砦로 감싸여 있던
우주의 비밀, 내 가슴속엔
강고强固한 빙하기의 세월이 박동친다

우리의 조상, 지구는 이미 의식을 잃고
쓰러지는 고목이 되었구나
가련한 환경으로
그의 체온은 정상正常을 넘고
별똥이 되어 우주의 미아가 되어가고 있다
맑고 깨끗한 지구의 세월은 지고 있다

항해 7일째, Glacier Bay, Johns Hopkins 어귀에 닿았을 때 또 한번 안내방송이 나온다. 쌍안경을 들어 Hubbard 빙하 3, 4백 피트 높이의 빙벽을 관찰하라고 친절하게 안내한다. 빌딩 크기의 빙하 조각이 가끔 떨어져 내린다고, 작은 빙산덩

어리들이 바다에 둥둥 떠다니는 것을 쌍안경으로 관찰하라고 친절하게 안내한다. 그것을 관찰하기 위해 약 60분을 머물 것이란다.

그런데 그 60여 분 동안의 빙벽은 잠시도 쉬지 않고 해체되고 있었다. 쿵, 쿵, 압살당하는 바다 갈매기의 날갯짓으로, 숨을 곳을 찾아 도망치는 북극곰의 몸짓으로 바다 속으로 곤두박질치고 있었다.

"저럴 수가, 저럴 수가…… 저 광경, 저 현상을 좀 보아요."
내 눈 앞에 무너져 내리는 빙벽
내 정신의 한가운데를 내려치는 거대한 소리,
빙하기의 신비가 메아리 되어
내 가슴속에 박동으로 풀려난다

무너지는 우주의 비밀
끊어지는 세월의 신비
사라지는 지상의 정상情狀
우리 부부의 평생해로처럼
인류, 지구와의 영구永久해로하기를
침묵하고 명상한다

오로라

한낮의 밝음과
한밤의 밝음이
우주의 공간으로 나와
황홀한 조화를 이룬다

오로라
내 머리 위에 월계관을 씌울 듯
다가오는 황색의 화관으로
나를 소스라뜨린다
오로라
무사가 당기는 활궁인 듯
무수히, 쏜살같이 쏟아내는
스키장의 하얀 줄 무늬들을 타고
은하의 여정에 오른다

빛의 향연
북극에선
한밤의 밝음이
우주의 향연으로 나를 초대한다

4부

침묵

–별을 바라보며 말할 수 있는 것은

홀연히 어둠이 내게 왔을 때
산만했던 사실들은 사라지고
비로소 나는 마주 앉는다
저 당돌한 별들의 접근,
지호지간指呼之間에
한마디 건넬 수 있는 말
그 말은 무엇일까
내 음성은 어떻게
저쪽에까지 퍼져 나갈까

별을 바라보며
내가 말할 수 있으리라 생각하는 것
기실은 침묵의 말이어라

침묵

–오늘 하루는

오늘 나의 하루는
말을 새롭게 하는 일

시간을 열어 놓고
말을 축적한다
생각을 축적하고
그 모두를 잊어버린다

내 머리는 너무 무거워
물속으로 가라앉을 것 같다

지상의 모두를 놓칠 것만 같다

침묵
–말할 수 없음의 시간

보라
말할 수 없음의 시간은
얼마나 조용한가
사색의 소용돌이 속의 스스로를 바라보며
옷깃을 여미게 하는
지난날 내 말의 불사름

우주의 한 공간을 점령한 듯
나는 침묵으로 채워지고 있다
억겁億劫의 성취감이
강물처럼 흘러간다

침묵

–링컨 메모리얼에서

머리 위엔
새똥으로 터번을 두른 듯
한낮에도 꽉 다문 입
털보의 우수가 잠자고 있다

흑인들은 오지 않는다
견학 온 어린이들이
배경으로 사진을 찍는다

링컨 좌상의 침묵
그것은 자유에의 고독인지
인간에의 연민인지

아, 풍덩–
포토막 강물에 뛰어들어
고적을 깨고 싶다

침묵
–링컨 좌상

꽉 다문 입가의 미소
구레나룻 수염에
새들이 깃들어 있다

박쥐처럼 어둠을 몰고 오는 새들
하얀 깃털을 떨군다
숨 막힐 듯 어둠에 가려지는
링컨 좌상

석양엔 내 집으로
돌아가고 싶다 희미한 불빛
흘러나오는 작은 창문을 열고
말없이 다가오는
대지의 함성을 듣고 싶다

"일어나세요, 함께 떠납시다"
그때 당돌하게 말문이 열렸다

침묵

–말문을 닫고

말을 익히듯 더듬던 어눌함
남의 말만 뒤좇던 관행에서
이제 말문을 닫는다

지금 말할 수 있는 것은
침묵의 말
어둠으로 집중하는 자유로운 말이
전류처럼 흐른다

내 말을 찾아야 한다
그 시간의 흐름은
얼마나 빛나는 진실인가

오랫동안 사라지지 않는
엄숙한 지혜
나만의 시간
나의 참모습이 메아리져 온다

침묵의 시간

그리운 목소리
들리지 않는, 보이지 않는
낯익은 목소리 하나의 허상

나도 그런 허상이 되어
숲 속의 숨겨지기를 바란다

영혼만이 살아 날 수 있는
말없음의 자유를
영원한 침묵의 의미를

무작정 나서는 것은

그리움도 미움도 아닌 것
추억도 희망도 아닌 것
그것들이 무작정 집을 나서게 한다

도둑처럼
도시를 등지고 빠져 나간다
내가 아직 만나보지 못한 것들
이름조차 없는 그것들과
친숙해지고 싶어

소중했던 약속을 깨어 버리고
모든 계약의 시간들을 끊어 버리고
어제와 내일로 이어지는
삶의 궤도에서 이탈하는 것

아무것도 아닌 것
이제, 떠나보는 것이다
새가 날 듯 그렇게 날아
세상의 모두를 찾아가는 것이다

빈집

짧게 깔린 산 그림자를 돌아 나서면
거기 금빛 들녘이 펼치어져 있다
이제 한 여름이 가고 있다

벌써 이삭이 잘려나간
수숫대를 흔들고
주름진 내 얼굴에 스치는 바람 속엔
세월의 주름이 스며있는가

비워 둔 집, 그 지붕에
박이 실하게 영글고 있다
무너져가는 지붕에
무성한 버섯과 참새 떼만 어울리고
무너질까, 조급한 마음
가을이 가기 전에 임자는 돌아오지
않으려는가

모두 어디로 떠나갔다는 말인가
이 가을엔 모두모두 돌아 올 수 있어야지

오늘밤엔

아침 이슬 머금고
피어나는 감꽃 향기
지상은 누부시게 살아있다
自然은 自由를 만끽하고

나는 그리움에 시름시름
병 앓고 꿈은 부서진다
비바람 치던 들판에서
피할 곳 없던 그날 밤

오늘밤엔
이 육신을 잠재워 두고
영혼은 은하수에 떠오르리

오늘밤엔
수화기를 내려놓고
도적같이 빠져 나가리라

진정 만나야 할 분은
地上에서도 가까이할 수 없었던

한 사람, 그분의 형체를 찾아
은하수에 떠오르리

오늘빔 민 길
홀로 떠나리라

새날의 의미

오래 기다려온 세월
더듬더듬 솟아나는 해
이제 온 누리에 비치니
내 무엇을 할꼬
많이 쌓인 시간의 먼지를 털고
힘차게 나선다

지붕에 호박꽃이 피어나던 날
맑은 이슬 머금고
금빛 가루 날리는
내일의 역사가
샘물처럼, 시간처럼 이어진다

생각하면 희망이요
바라보면 빛무리이니
크게 크게 영글어 가는
내일의 소망을 위해
나는 세월과 더불어
역시役事하는 일꾼이고져,

새날은
어제의 영광이 아닌
내일의 의미일지니,
우리의 희망이이라

어기여차, 힘찬 시동의 노래

진한 어둠 속에서
실 한 오라기로 이어지는 빛
그 빛의 처음은 어디였을까

지난날의 추억은 끝내 어둠 속에 숨어있고
나는 그 생생한 손끝의 감촉을
새 하늘 새 태양의 세월에
느껴보는구나

골짜기의 시내와 후미진 곳
나의 쉼터 바위 위에
지금은 이끼가 돋아
다람쥐만 넘나드는
옛 시간의 푸르른 그림
밝게 비추이는구나

새날에도
뱃고동은 바다를 달리며
어기여차, 어기여차
힘찬 시동의 노래 울려 퍼지니

희망이어라, 닻을 올려
순풍에 나아가자꾸나

태풍의 눈

남태평양에서 만난 태풍의 눈
바로 그 밑에선 고요가 있을 뿐
쨍쨍한 햇빛이 기둥을 이룰 뿐
수백 마리 갈매기가 마스트에 내려앉아
경건히 태풍의 순간을 대기한다
선장은 태풍의 눈을 응시하며
생명의 참뜻을 연상해 보고

그 눈은 태초의, 생성의 핵核
우주를 떠돌다 지구로 공격해 온다
대형 화물선은 천국으로 가는 길이 되고
무중력에 방향감을 상실한다

하늘에서 오는 지진인가
지상의 한 지점으로 집중해 간다
바람은 초속秒速을 뛰어넘고
비는 폭포가 되어
공격해 온다

곧 태풍의 눈은 사라지고

지상엔 평화가 올 것이다
우리 모두는 이를 확신하고
다시 내일을 기다린다

산맥

山은 누에처럼 자라고 커간다
江을 건너고 나무뿌리들이 목을 축인다
平原을 질러 아, 우람한 봉우리가 치솟고
절벽에 폭포가 쏟아진다
山은 자라면서 누에처럼 어디론가 움직인다

푸른 물 깊은 물

저 푸른 물은
천 년을 흘러가는 물이다
저 깊은 물은
백척 깊이에
이 민족 한恨을 삼키고
찰랑이는 침묵이다

그리움에 애태우는 밤
여기 물가에 앉으니
나는 덧없는 人生이런가

헤아릴 길 없는 너의 마음
돌이킬 수 없는 나의 人生

雪原을 향해

나는 풍경 속에 숨어 있다
氷山에 흘러내려 황소등이 되고
등성이에 짝지어 흐르는 냇물
그 어디엔가 나는 지나가고 있다

잠자리, 나비로 나로
두더지로 뚫고
송사리로 헤엄쳐
드디어 나는 꿈꾸던 산의 정수리에 올랐다

토끼로 숨고
노루, 사슴으로 뛰며
곰이 되어 어정대는 두메에
날개 채고 곤두박질하는 솔개를 보면
나도 날고 싶어
허물 벗은 산야엔 白色의 회오리
폭풍의 바다보다 더 넓은 설원雪原에
하늘을 찌를 듯 치솟는 눈기둥
다시 설원에 발자국을 남기며
나는 어디로 사라지는가